¿Me escuchas, Berta?

Júlia Prunés Massaguer
Ilustraciones de Cristina Méndez

Primera Edición en catalán y castellano: abril 2014
Júlia Prunés Massaguer
Edita: OmniaBooks

ISBN: 978-84-942117-2-0
Depósito legal: B-6488-2014
www.omniabooks.com

Texto: Júlia Prunés
Ilustraciones: Cristina Méndez
Traducción al castellano: Patricia Cabeza y Júlia Prunés

♥ **Escuchar** es mucho más que **oir.**

Existen tantas realidades como puntos de vista, especialmente cuando hablamos de conflictos y emociones. Por ello, cada cuento de la colección tiene un ilustrador o ilustradora distinto y Berta nos sorprende en cada nueva aventura.

- ¿Me escuchas, Berta? – le preguntó su madre, medio enfadada.

Llevaba un buen rato pidiéndole que recogiera el desparrame de juguetes que había en el comedor pero Berta, como si oyera llover, seguía pintando sus dibujos.

5

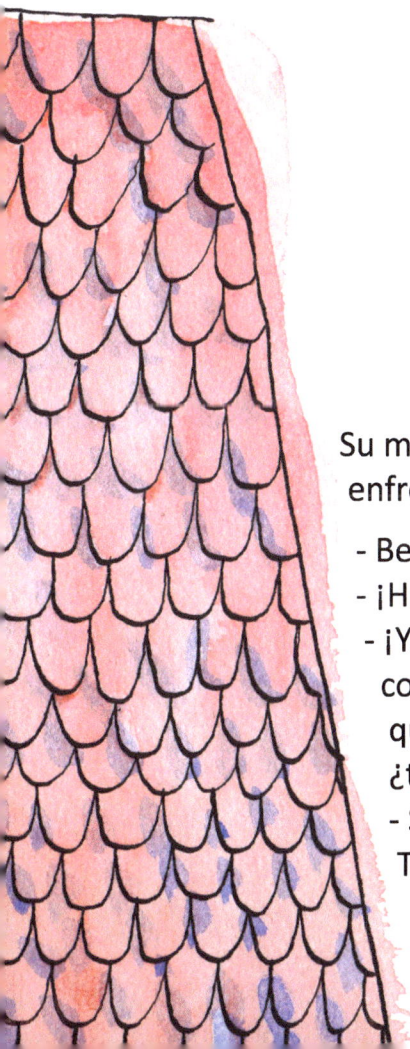

Su madre se acercó y le tocó la espalda con suavidad. Se puso enfrente de Berta e insistó :

- Berta... Berta... ¡Escúchame, por favor!
- ¡Hola mami! ¿Quieres ver lo que estoy dibujando? – respondió Berta.
- ¡Ya entiendo porque no contestabas! -exclamó la madre- Estabas tan concentrada dibujando que no podías escucharme. Chiquitina, tendrías que recoger todos tus juguetes, te has comprometido a ordenarlos ¿te acuerdas?
- Sí mamá... es que me he puesto a dibujar y ¡se me ha olvidado! Termino de pintar el tejado y lo recojo todo, ¿vale?

Ya casi lo tenía todo recogido, cuando sonó el teléfono. La niña corrió deprisa a descolgarlo...

- ¿Hola? Soy Berta...
- ¡Hola Berta! Soy Pablo, quería preguntarte algo...
-¡Hola Pablo! – le interrumpió Berta – qué bien que hayas llamado, ¡yo también quiero preguntarte una cosa! ¿Mañana tenemos que llevar información sobre las ballenas al cole? ¡No lo apunté en la agenda y no me acuerdo si era para mañana o para otro día! ¿Sabes? Mis abuelos me prestarán unos libros que...

9

- ¿Me escuchas, Berta? – protestó Pablo – ¡Quiero preguntarte una cosa y no me dejas!

- ¡Ay, Pablo! ¡Creo que te has enfadado! ¡Lo siento, estaba impaciente y no te he dejado hablar! Dime, dime… ¿qué querías preguntarme?

- ¡Pues que este sábado es mi cumpleaños y doy una fiesta! Estás invitada, ¿Podrás venir? – preguntó aliviado.

- ¿El sábado es tu cumpleaños? ¡Claro que iré, Pablo! ¡Qué ilusión! ¡Qué contenta estoy de que hayas pensado en mí! Cuéntame, cuéntame… ¿Qué vamos a hacer en la fiesta?

Berta y Pablo hablaron un buen rato por teléfono, primero de la fiesta y luego de las ballenas.

Una vez estuvo todo ordenado, Berta se dejó caer en el sofá y puso la tele. Misha se acurrucó en su regazo buscando compañía.

- ¡Hola Berta, tenía tantas ganas de verte! - maulló la gatita.
- ¿Ah sí...? – contestó Berta, sin siquiera apartar la vista de la pantalla.

Misha ronroneó:
- Estoy preocupada. No encuentro mi pelota, ¡creo que la he perdido!
- ¿Ah sí...? – respondió Berta, sin quitar ojo del televisor.
- ¿Me escuchas, Berta? – sollozó Misha.
- ¡Pues claro que te escucho, Misha! ¡Me estabas contando que has perdido una pelota! – refunfuñó Berta- ¿Estás segura que la has buscado bien? ¡Venga! ¡no te preocupes que ya la encontrarás!

Piula pió desde su rincón:
- ¡Berta, no se escucha solo con las orejas! – trinó.
- ¡Eso, eso! – añadió Misha – si no me miras cuando te hablo, es como si no me escucharas del todo.

La niña no podía escuhar bien a Misha y apagó la tele.
- ¿Qué queréis decir? -les preguntó.
- Pues que necesitas poner toda tu atención – explicó Piula – tienes que escuchar con los ojos, las orejas… ¡con todo el cuerpo!

- ¿Con los ojos? - se extrañó Berta.

- Sí, Berta. ¡Es importante mirarse! -prosiguió Piula- ¡Con la mirada nos decimos tantas cosas!

- ¡Es verdad!- exclamó la niña- Además cuesta saber si alguien te está escuchando si no te mira… ¿verdad?

Desde su pecera, Tip añadió - Berta, si te hubieras fijado en la cara de preocupación de Misha, no le habrías contestado de esa manera…

- ¡Tienes razón, Tip! - respondió algo avergonzada.

- ¡Me he pasado el día buscando la pelota, Berta! –se quejó Misha- ¡y creo que no te ha importado nada cómo me sentía!

- Sí, lo entiendo -respondió Berta- tenía tantas ganas de ver los dibujos animados, que no te he atendido como tú querías, Misha. Lo siento mucho.

- Quizás yo tampoco he escogido el mejor momento para explicártelo...
- continuó, la gatita.

- Ay, Misha... -suspiró Berta- ¡Tú siempre serás más importante que la tele! Entiendo que te sientas así. ¡Le tienes mucho cariño a tu pelotita! ¿Quieres que te ayude a encontrarla?

A la hora de la cena, todos se sentaron a comer.

- ¡Hoy Pablo me ha invitado a su fiesta!.- anunció Berta.
- ¿Una fiesta? ¿Qué celebra Pablo? - quiso saber el padre.
- Que el sábado es su cumpleaños - respondió ella.
- ¡Estás muy emocionada! ¿Querrás ir, verdad?- observó la madre.
- ¡Claro que sí, mamá! Es este sábado por la tarde, ¡Ha invitado a toda la clase! - continuó Berta, ilusionada - Ya le he dicho que sí. Podré ir, ¿verdad?

Miguel, el hermano pequeño de Berta, que seguía la conversación, reclamó:
- ¿Y yo? ¡Yo también quiero ir!

De repente, un silbido les interrumpió, se trataba del móvil de papá, que recibía un mensaje. Y, como si se hubieran puesto de acuerdo, el móvil de mamá empezó a cantar una canción ... la estaban llamando.

Berta y Miguel suspiraron y exclamaron:

- ¿Me escuchas, mamá?
- ¿Me escuchas, papá?

- ¡Los móviles son un rollo! - se quejó Miguel.
- Tienes razón, tesoro -reconoció su madre- ¡hay momentos que molestan más que otra cosa!

Berta cogió una caja que había decorado en clase de plástica y les propuso: - ¿Y si durante la cena guardamos los móviles aquí dentro?
-¡Excelente idea, Berta! - celebró el padre.

Piula añadió:
- También podríamos meter el mando de la tele.
- ¡Claro que sí! - se entusiasmó la madre- y las prisas también podríamos esconderlas ahí...

La nombraron "caja facilitadora de conversación", y siempre que querían disfrutar de buenos momentos en familia, metían en ella todas aquellas interferencias que podían distraerles y molestar. ¡Qué gran invento!

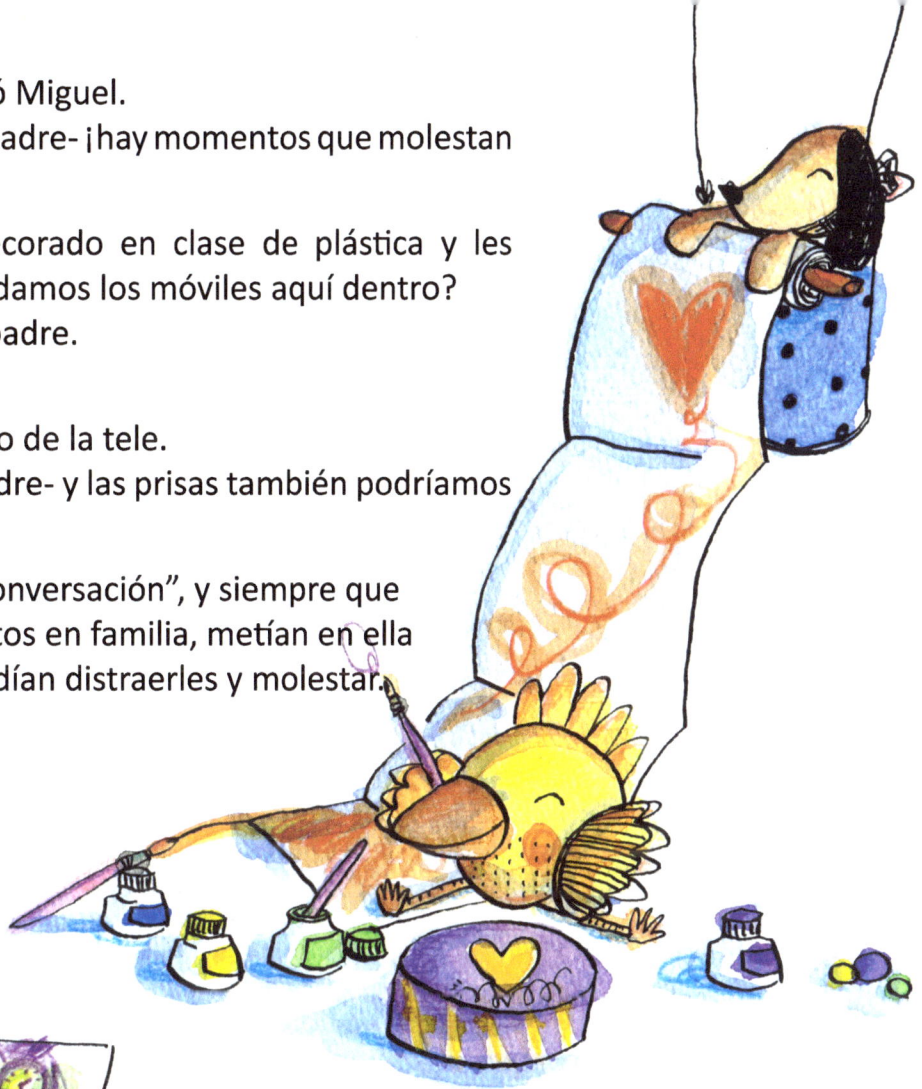

Algunas propuestas:

• Escuchar es mucho más que oír:
- Es importante que mires con atención a quien te está hablando. Así sabrá que le escuchas y también podrás reconocer las emociones reflejadas en su cara, sus manos, su cuerpo... piensa que son tan importantes como el mensaje que quiere trasmitirte.
- Cuando alguien te hable, pon atención todo el rato o le entenderás solo en parte.
- Antes de dar tu opinión, espera a que la otra persona acabe de explicarse, no la interrumpas.
- Evita distracciones e interferencias (televisor, móviles, ...)

• Mucho mejor si te guardas los consejos para cuando te los pidan, a veces a la otra persona le basta con poner palabras a sus propios sentimientos para verlo todo más claro.

• Si quieres ayudar a expresarse mejor a quien te habla, puedes preguntar repitiendo alguna palabra que haya dicho, así le animas a explicarse con más precisión. También puedes parafrasear, es decir, repetir lo que has entendido, pero con tus propias palabras para evitar malentendidos.

• Si quieres que te escuchen, ten presente: - Escoger un momento adecuado para explicarte. - Ponerte donde puedan verte bien, mucho mejor si es justo enfrente. - Estar dispuesto/a a escuchar, también...

• En casa, dedicad algunos ratos del día a hablaros y a escucharos los unos a los otros. Un buen momento para compartir conversaciones serenas y sin prisas podría ser durante las comidas y sobremesas.

• Os propongo que decoréis una caja como la de Berta y que guardéis en ella los móviles de vez en cuando... así podréis disfrutar de conversaciones sin interferencias. Otra solución sería dejarlos en silencio... ¡eso también funciona!

Júlia Prunés Massaguer

Madre, doula, enfermera ... y, entre otras cosas, *"facilitadora de convivencia"* formada por el Servicio de Mediación Comunitaria de Terrassa (2010). Me apasiona el mundo de las emociones. Por este motivo, curso el posgrado de Educación Emocional y Bienestar en la Universidad de Barcelona (2013-14). Estoy convencida de que la educación emocional es la clave para aprender a ser felices y también para relacionarse mejor con los demás.

Me he propuesto acercar la educación emocional y la cultura de la mediación en el ámbito familiar, escribiendo y narrando cuentos como este que teneis entre manos, y también dinamizando talleres para adultos, niños/as y familias.

info@juliadoula.cat   · **665 631 051**
facebook y youtube: Júlia Prunés

www.creixerenfamilia.blogspot.com.es

Este cuento se ha podido editar y publicar, gracias a:

COLEGIO PIVE · ESCUELA TECNOS Y AMPA TECNOS · ESCUELA BALDIRI REIXAC · TIETA EVA · LUCIANO MÉNDEZ
ESTER COMELLAS CASARRAMONA · MARIBEL GUIJARRO · FAMILIA ROSELL CIVIT · FAMILIA VALLS PAGÈS
FAMILIA PUIG GALLÉS · LLUNA, JAN Y ADRIANA · PATRICIA CABEZA · JORDINA MASSAGUER · PEPA BAREA
FINA MARTÍNEZ · FAMILIA PI-BOLEDA · SALUT Y BERTA CASTELLS · ANNA SALGUERO ÁLVAREZ · NÚRIA ESPEJO
PERE, AURORA, DANIEL Y VALERI · FAMILIA POCH PINEDA · PAU Y JÚLIA MESTRES GRÀCIA · SAÚL SÁNCHEZ JIMÉNEZ
IRIA RIBADAS ALONSO · FAMILIA GRANÉ ALONSO · FAMILIA GIMÉNEZ-TARRÉS · JORDI PASCUAL PASCUAL
ANA BELÉN JARRILLO, BRESSOL DE CONTES · GEMMA FILELA GUIU · NEREA SANTAMARIA HERRERA
MARTA · RAFAEL BISQUERRA · POL Y LAURA DONÉS · FAMILIA FONT-QUER · FAMILIA NOFUENTES PERALTA
SUSANA CABEZA · MARTA SANTACANA · MONTSERRAT CARDÚS Y RUA · LUÍS GERMÁN LÓPEZ COBO · JOAQUIM
CONCHA SUÁREZ COTELO · TEACHING NICELY · ALBERT FONT-TARRÉS · PACO, VIRGINIA, FIONA Y ELOI
ENEKO · BEGOÑA · FAMILIA JANOHER Y BONET · ANNA MARTÍ · FAMILIA GUIJARRO FONT
FAMILIA HERNÁNDEZ-TORRENT · FAMILIA SALAZAR RODRÍGUEZ · FAMILIA HOMS PERALTA · JORDI REIXACH
INMA CASTELLÀ · IGNASI BLANCH · MARTA MORENO Y JANSANA · PAULA MURADAY · AIHEN - TXAS
MARTA HUGUET Y ROSELLÓ · GEMMA VISENS TORRES · FAMILIA GIMÉNEZ BORDONADA · JUDIT
MARIA COLELL Y PUIG · FAMILIA TURNÉ SOLDADO · FAMILIA BALDÓ FORNIÉS · NAYRA & NOA · MARTA C.
ABUELO Y ABUELA DE BERTA · MIQUEL MONTESINOS · MONTSERRAT FREIXAS ROJAS · GUIM Y BIEL CASALS
MAR NIETO ARGEMÍ · MARTA · ANNA QUINTÍN · ESTEVE PONT · MFELIUA · CATI
FAMILIA LÓPEZ JORDÀ · MARIA JOSÉ HURTADO · MIREIA TS · SILVIA CEREZO TOMÀS · DOLORS RODOREDA
FAMILIA MARCO USON · LUCI · WLADIMIR MORALES ADAM · CARLES · JESÚS GÓMEZ · MARIA PÉREZ
INSTITUTO SHEN DAO BARCELONA · LAURA VERT Y CARBÓ · ANTONI CARNÉ · FAMILIA PORTA TOBELLA
CIÓ DELGADO · A · GEMMA GUILLAMÓN · VALENTINA MARÍN · JANINA MARTÍ · AGUSTÍ LLOBET SERRA
FAMILIA GOTA PUIGDELLÍVOL · FAMILIA ESCAR-CUADRADO · BERTA GASCA Y SANAHUJA · L@M@RT@
LÉA VIDAL LLORET · BERTA JIMÉNEZ CASANOVAS · LLUC SAYOL YESTE · AGUSTINA R · MARTA · RUTH
FAMILIA NAVARRO SEGURA · LIA BARBERY · ELENA ANDRÉS · MIREIA · NATHALIE · ANNA MASSAGUER
JÚLIA Y LAIA VICENTE MARTÍN · MARIA BELLMUNT DRUDIS · ANNA PRUNÉS · ASSUMPTA J · LLORET MARTÍNEZ
FAMILIA GOVAERTS DE PABLOS · FAMILIA VERGÉS MIRÓ · MARTA JARQUE · GAL·LA Y CARLOTA · DÍDAC
FAMILIA MASSAGUER BORREGO · SARA Y ALEX MORALES BALLESTA · EIDER · ESTEL'ART
MOLINS Y ROSÉS · LAIA SABATÉ ARNAU · ISABEL CASELLAS · JOEL LICHTENFELD · NORA
ESTHER MARTÍN GALLARDO · COMPAÑIA DE TEATRO FREC A FREC · MARTA
PAQUITA CASTRO · CANDELA I MARINA · JORDI GRAU · IRENE SERRA · ALBA MAGRIÑÀ
TONI DE CONTRERAS · FAMILIA PLANAS LLORENS · FAMILIA BELLAVISTA JIMÉNEZ · TIA B
ROSARIO JIMÉNEZ · FAMÍLIA BOSCH COSTA · NURIA OTERO · ALBA PÉREZ RUIZ
ÁLEX CASADEVALL · ALBA LÓPEZ CASADEVALL · MARTÍ PÀMIES LUQUE · FERRAN, DÍDAC, ORIOL Y JAN
WWW.CRIANZANATURAL.COM · WWW.VETAQUIUNGAT.CAT ♥ ¡MUCHAS GRACIAS! ♥

CROWDFUNDEADO
VERKAMI

www.ingramcontent.com/pod-product-compliance
Lightning Source LLC
Chambersburg PA
CBHW042108040426

42448CB00002B/191